EXECRABLE CRUAUTÉ

DE

TROIS VOLEURS

HABILLEZ EN HERMITES

LESQUELS

tuoyent et desvalisoient tous les Passagers
et Voyagers

AUX ENVIRONS DE

NANTES EN BRETAGNE

*Ensemble les meurtre et violement d'une Damoiselle
de Poictiers, femme d'un riche Seigneur de la
dicte ville, commis par lesdits voleurs
habillez en Hermites.*

A PARIS

De l'imprimerie de N. ALEXANDRE.

M. DC. XXV.

Jouxte la Coppie imprimée à Lyon.

DE TROIS VOLEURS

DESGUISEZ EN HERMITES

LESQUELS

Destroussoient et devalisoient tous les Passagers
et Voyagers.

AUX ENVIRONS DE

NANTES EN BRETAGNE

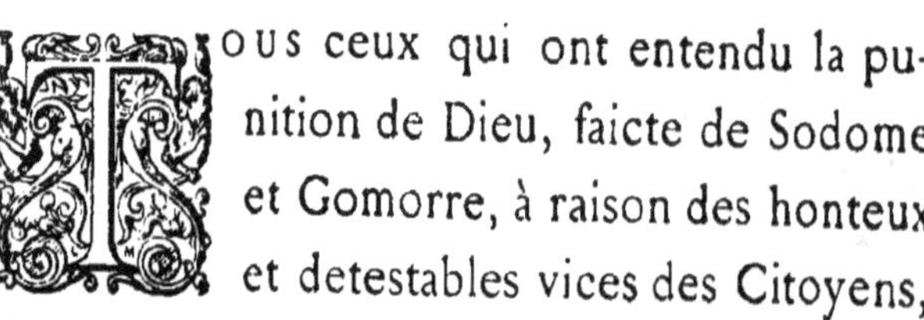

TOUS ceux qui ont entendu la punition de Dieu, faicte de Sodome et Gomorre, à raison des honteux et detestables vices des Citoyens, n'ont pas corrigé leur premiere vie, ny tous ceux qui oyent prescher tous les jours comme Dieu chastia le genre humain, quand pour purger le monde des incroyables meschancetez qui y regnoient, il fit grossir les eauës,

et enlever les mers par dessus les plus hauts
sommets des montagnes, n'ont pas apprehendé
vivement la rigueur de Justice de Dieu. Et
bien souvent tel racontera, avec admiration,
comment fut descouverte la mauvaise vie du
Prince des sorciers Godefredy, que s'il pouvoit,
et avoit de ses charmes, oseroit bien apres luy
experimenter la patience de Dieu Tout-puis-
sant et tres juste, et duquel la Justice differe
souvent l'execution : mais en fin recompense
le delay par la rigueur de ses merités sup-
plices.

C'est ce qui contrainct encore aujourd'huy
le Roy des Rois, de monter sur son Tribunal
de Justice, et armant sa main de la verge de
fer, prononce l'inevitable arrest de mort, et
un eternel repentir à ceux qui au temps de
grace n'ont pas voulu, pour leur propre bien,
recognoistre sa misericorde. Et ce en un
exemple que nous devons tenir, pour un des
plus memorables enseignemens que nous
puissions laisser à nos nepveux.

Trois hommes, auparavant soldats de for-
tune, apres avoir long temps vescu aux des-
pens du bon homme, se jettent dans un bois

pres de Nantes en Bretaigne, n'ayans point premierement intention de mal faire, mais seulement de tirer quelque chose des passans, et vivre de leurs aumosnes, car c'estoit au passage de Nantes à Angers. Là ils furent environ trois ou quatre mois, demandans l'aumosne aux marchands, et prenant des pauvres gens, ou bien des fruicts, ou quelques vollailles qu'ils portoyent vendre à la ville, et sous l'ombre qu'ils demandoient aux paysans ce qu'ils portoient, ils croyoient ne pouvoir en estre repris, disant qu'on leur donnoit pour aumosne, ce que les pauvres gens estoient bien ayses de laisser pour s'enfuyr la vie sauve. Puis apres à la façon de Guillery, ces fameux brigands commencerent à departir l'argent que le paysant rapportoit du marché, bref, petit à petit croissant en leur meschante vie, devindrent en fin dangereux voleurs, et ne firent plus de conscience de destrousser les marchans, ravissans non seulement les biens qui sont necessaires pour la vie, mais la vie mesme. Le premier qui tomba entre leurs mains, et y laissa la vie, fut un marchand de Chasteaudun allant à la foire pour acheter des chevaux, il coucha à Ancenis, où ayant quelques affaires, il fit partir ses gens devant soy, et passant seul par ce bois, les trois pendars se presentent à luy, (car ils l'avoient veu d'un peu plus loing, et l'attendoient à un tour de chemin) et luy demandent l'aumosne : et l'un d'eux, comme le marchand mettoit la main à la bource, se saisit de la bride, l'autre presente le pistolet, disant : non, non, descends seulement, ou tu es mort, il nous faut la bource toute entiere, tu n'as que faire de chercher ta monnoye, nous voulons tout. Ce pauvre homme tout effrayé, et tremblant de peur de la mort qui le menaçoit de si pres, mit pied à terre, et leur donne ce qu'il avoit. Et neantmoins ces avares brigands craignans que ce ne fust tout, lui firent presenter le pistolet par celuy qui l'avoit fait descendre, luy tire, luy donne dans l'espaule, et cet homme tomba à demy mort, et eux de le fouiller partout. Le coup de pistolet fut entendu par des Gentilshommes qui venoient de l'austre costé, et commencerent à picquer pour sçavoir ce que c'estoit.

Mais le bruit que faisoient leurs chevaux

courans, et eurent recours aux tours et destours du bois qui leur estoient seulement cognus et frequentez avec les bestes fauves, ausquelles ils ne cedoient rien à férocité, et n'eurent pas le loisir d'achever le marchand qui ne pouvoit plus presque parler, perdant tout son sang qui luy ruisseloit dessus et dessoubs, et qui peut à grand peine dire aux Gentils-hommes que trois voleurs l'avoient laissé en cet équipage, et qu'ils se venoient de sauver dans le gros du bois les entendans venir, et que pour l'honneur de Dieu ils fissent punir ces malheureux. Ces Messieurs pousserent leurs chevaux au travers du bois, du costé qu'il leur avoit monstré : mais les chevaux ne purent passer le gros du bois où ils s'estoient sauvez, et craignans de se perdre dans le tour et destour du bois, ou de s'escarter, aymerent mieux laisser sauver ceux desquels (peut-estre) ils n'eussent pas peu leur garentir.

Le Marchand cependant perdit la parole, et les Gentils-hommes craignans que le meurtre ne leur tombast sus, aymerent mieux passer leur chemin. Les brigands cependant avec

l'argent, qui s'estoient evadez, delivrez pour
ceste fois des mains de la Justice, pensoient
estre en repos, quand le remords de conscience, ce vergoulu qui ronge tousjours, ordi-
naire et tres-juste bourreau, et tesmoing
irreprochable des mal-faicteurs recelez, com-
mença à les faire penser à eux-mesmes, qu'ils
n'éviteroient pas la peine et qu'un jour quand
moins ils y penseroient, ils verroient un
Prevost à leur queuë. Là dessus ils delibe-
rerent de couvrir leurs execrables forfaits du
plus beau manteau qu'on sçauroit excogiter.
Ils proposerent donc, appreuverent, et deli-
bererent de prendre un habit d'Hermite, et
d'aller faire leur sejour avec un qui estoit au
même bois. Ils se firent raser la barbe, et les
paupieres, pour n'estre pas cognus de ceux
desquels ils avoient pris l'aumosne autrefois,
s'il en fust passé quelqu'un, et allerent un
soir trouver le bon Hermitte, demandant à
demeurer avec luy, prendre son habit, et
avec luy faire penitence le reste de leurs
jours de la vie passée. Le bon serviteur de
Dieu leur presenta sa cellule pour passer la
nuict, et qu'il veilleroit en Oraison dans sa

Chapelle tandis qu'ils dormiroient. Eux ne voulurent jamais permettre qu'il se decouchast, ains voulurent passer la nuict en la dite Chapelle, pour recommander à Dieu leur changement de vie. Là ces malheureux ne demanderent pas à Dieu l'habit d'hermite, ains contre sa volonté prindrent le conseil de le ravir à son serviteur : ils s'en vont tout enflammés de furie, et forcenez de rage contre luy, luy tirent la robbe de dessus le corps, le poignarderent et l'enterrerent : l'un desquels vestit son habit, et l'autre un vieil qui estoit soubs son lict. En cet acte ils s'endurcirent tellement le cœur, qu'après ce parricide inhumain, ils osèrent bien encore aller par la ville de Nantes, demandans l'aumosne pour luy faire une tombe, et qu'estans pour s'achepter des robbes, disans que depuis deux mois qu'ils s'estoient rangez sous sa discipline, et que luy estant malade, il n'avoit jamais permis qu'aucun d'eux le quittasse. Ils firent en sorte qu'ils furent habillez tous trois, et allant quelque fois quester pas la ville et aux villages d'alentour, ils entretenaient leur renom d'Hermites, commettans les plus cruels assas-

sins que jamais le Ciel endura. Après dònc
avoir eu le cœur si endurcy que d'avoir fait
mourir ce venerable Hermite, ce miroir de
Charité, est aussi doux et affable, qu'eux estoient bourreaux et inhumains, il est aisé à juger
s'ils faisoient conscience de destrousser les
passans, car en demandant l'aumosne, ils les
abordoient par derriere, et leur plantoient
dans le sein de grands cousteaux, tandis que
l'un entretenoit le passant, si bien qu'en tout
ils tuèrent dix-sept personnes. Entre lesquel-
les tueries et boucheries, je ne veux passer
sous silence le dernier effort de leur cruauté,
aussi barbare au carnage qui fut faict comme
dereglé au violement.

Une Damoiselle de Poictiers, femme d'un
riche seigneur de la mesme ville, nommé
Monsieur d'Aridan, Seigneur de Goüé, ayant
esté voir une sienne sœur mariée à Tours,
d'où retournant, elle apperceut d'assez loin
un de ces Hermites ; au quel, comme estoit
fort devote, et aymant les serviteurs de Dieu,
elle voulut aussi-tost parler à luy. Cestuy-cy,
qui avoit mis la main sur ce pauvre Hermite, tantost si malheureusement assassiné,

non moins hypocrite qu'impudent, et aussi
couvert que detestable, luy demande l'aumosne d'un maintien tout remply d'humilité,
les yeux fichez en terre, la bouche close, le
front couvert de pudeur, et la teste retirée
en son capuchon : bref, aussi ressemblant au
dehors à un sainct personnage, comme au
dedans à un avare coupe-gorge, et sangui-
naire, il se tenoit tout coy. Lors la Damoiselle
luy demande s'il avoit son hermitage dans ce
bois, luy respondit qu'oüy, et qu'il avoit en-
cores deux freres avec soy, qui depuis sept
ans avoient vescu ensemble de l'aumosne des
bons Chrestiens : la Damoiselle luy demanda
davantage, si son hermitage estoit loing, s'il
avoit une chappelle, s'il estoit Prestre, et
beaucoup d'autres choses : l'hypocrite ne
manquoit jamais de paroles affetées, tant qu'il
induisit par son discours, si bien contrefaisans
la saincteté, de venir voir son Eglise, qu'elle
estoit un peu mal en ordre, que jusques à
l'heure les aumosnes n'avoient pas suffi pour
la faire refaire, jusques à ce que la Damoiselle portée à luy faire du bien, descendit
de carrosse, et avec sa fille de chambre, et

l'homme qui la conduisoit, elle s'y transporte, elle fit là son oraison, et cependant ce traistre hypocrite fit sçavoir son dessein à ses compagnons, et n'y avoit rien qui empeschast que l'homme de cette Damoiselle, lequel ils firent en sorte de le tirer hors de l'Eglise, et luy monstrans leur jardin, il y en eust un qui luy donna d'un pistolet dans la teste, et l'estendit mort sur la place.

Ceste Dame craintive en peine d'où venoit ce bruit, voulut sçavoir ce que c'estoit, et sortit de l'Eglise qu'elle regardoit au dedans. Ces perdus vicieux tout transportez de rage, et enflammez de concupiscence, se ruent sur elle, crians, ô que tu n'est pas maintenant où tu pensois estre. La servante ce-pendant s'enfuit, et ces méchans assaillirent tout premierement la chasteté de ceste Damoiselle, luy promettans vie sauve et d'avantage presentans le plus beau de leur thresor de larcins : elle aussi ferme et stable en son propre qu'une Lucresse, change premierement de couleur. Mais s'estant encore recommandée à la Mere de Dieu, qu'elle avoit desjà priée en ceste Chappelle, leur respondit asseurement :

Prenez moy tout ce que j'ay sur moi d'or et d'argent, despouïllez moy toute nuë, foüettez-moi, offrez-moy tout ce qui est plus precieux au monde, jamais vous n'aurez de moy consentement. Ces ehontez redoublent leurs presents, promettant la reconduire jusques où elle voudroit. Recommencerent leurs menaces jusqu'à ce que voyant qu'elle ne se mouvoit, ny par cris, ny par prieres, ny par menaces, en-fin la violerent honteusement, puis apres la martyriserent jusqu'à la mort. Son cocher cependant voyant que elle ne revenoit point par ce sentier qu'elle avoit suivy, guidant son chemin par des gouttes de sang tombées sur les herbes, quand la servante suivant sa maistresse, saignoit, et vint jusqu'à la Chapelle : et entendant de loin les cris de sa maistresse, s'approcha un peu, et ayant esté apperceu d'un de ces parricides, sauva sa vie à la fuitte, laissant là le carrosse et les chevaux. Luy aise de le voir fuir, recommanda à ses compagnons d'achever la maistresse, et s'en va au carrosse, monte au devant, touche les chevaux, et les meine jusques hors du bois, et les ayant mis au beau chemin, descendit à bas, et laisse aller les chevaux et le carrosse. Il s'en retourne avec ses compagnons, trouve les corps mis en terre et ses compagnons contans combien ceste journée leur apportoit de profit et de butin. Il se meit avec eux, et leur conte comment il s'estoit deffaict du carrosse, et qu'ainsi le cocher qui s'étoit enfuy seroit soubçonné de la faute, et celuy qui conduisoit la Damoiselle. Le soir venu, ils souppent, se mettent au lict et dorment. Mais Dieu justement irrité des enormes effects de ces hommes perdus, enfin voulant donner lieu à sa Justice si peu redoutée par ces aveugles malfaicteurs, ne s'oublia pas de sa misericorde et douceur, de laquelle il previent tousjours les pecheurs, pour à la fin rendre si confus ceux qui ne suivent pas ses commandemens, mesprisent ses advertissemens, qu'ils se jugent eux-mesmes justement punis et selon leurs demerites. Il fit dònc voir au plus jeune de ces voleurs cette nuict mesme comme il dormoit, l'âme de la Damoiselle violée et mise à mort, au devant du Throsne de Dieu, qui tenoit Nostre-Dame par la main, vestuë d'une robbe plus blanche que neige, qui rayonnante esclairoit

tout autour de soy, et se voyoit avec ses
compagnons sous les pattes d'une furieuse
beste, horrible, aux yeux de sa divine Majesté,
et tout prests à estre dechirez en pieces, si par
la requeste de ceste âme bien-heureuse ils
n'eussent esté gardez. Il se resveille là dessus,
et recognut bien que ceste vision venoit de la
part de Dieu, et qu'elle ne signifioit autre
chose que l'estat de leur vie, et le danger où
ils estoient, et fit dès lors ferme propos de se
faire vray Hermite : et si tost que le jour fut
venu il en advertit ses compagnons, et les
exhorte à quitter la vie qu'ils avoient menée
jusques à cette heure. L'un se mocque de luy,
l'autre lui dist qu'il lui avoit desjà despleu d'autres fois voulant faire de ces remonstrances, et
qu'il nous emmenast pas, qu'il ne se devoit
mesler avec les loups s'il ne vouloit heurler, et
que s'il en parloit jamais qu'il luy bailleroit d'un
pistolet dans la teste, et que s'il craignoit les
feüilles qu'il ne vint pas au bois, que pour
luy il ne changeroit jamais de vie. Le plus
jeune dònc changeant de discours, les per-
suada au moins de changer de demeure, de
peur d'estre si tost descouverts, esperant

ainsi se detraper de leur compagnie. Il avint donc que comme ils alloient pour choisir un nouvel hermitage, celuy qui avoit menacé de faire mourir ce plus jeune, commence à remonstrer à son compagnon que ce jeune icy luy desplaisoit fort, et qu'il les pourroit bien descouvrir, qu'il ne se fioit point en luy, et qu'il seroit très à propos de le poignarder, aussi bien que d'estre tant à ronger un os, qu'il n'y avoit pas de quoy en ce qu'ils avoient fait de profit pour tant de gens, et qu'il trouvoit que pour jouër au plus seur, il falloit faire de luy comme des autres. Ils estoient prests à executer leur dessein, mais Dieu qui attendoit l'autre à penitence et qui voyoit que ceux-là de jour en jour augmenteroient leurs meschancetez, voulut nous donner un exemple manifeste, par lequel nous recognoissions combien est detestable devant Dieu l'hypocrisie, et comme il punit ceux qui ne reçoivent ses advertissemens. Dieu dònc fit sortir de la Mer un autre monstre pour chastier ces monstres, qui courans à nage contre le cours de la riviere, en fin sort de l'eau, et se jette sur ceux-cy, prend pre-

mier celuy qui vouloit tuer son compagnon,
luy met la griffe sur l'espaule, l'estend par
terre, et l'ayant despoüillé aussi nud que la
main, le prend par une espaule, et de l'autre
griffe le pressant contre terre, le deschire en
deux pieces, tout aussi tost luy tire le cœur
des entrailles, et le mange tout chaud : ayant
attrapé l'autre, elle luy en fit autant : et courant après l'autre qui se recommandoit à Dieu
et fuyoit, elle l'eust pris aussi, n'eust esté
qu'elle fut combattuë par deux Gentils-hommes bien montez, qui la tuerent et sauverent
la vie à l'Hermite. Ils mirent ceste beste sur
la croupe de leur cheval, et l'emporterent à
Nantes, où de tous costez on venoit pour
l'admirer. Elle avoit la teste fort belle, et
semblante à celle que les Poëtes donnent au
Sphinx, le corps couvert d'un grand poil
comme les Lyons, et les pattes de devant
d'un Aigle ou Griffon. Celles de derrière à la
façon d'un veau marin, le dos estoit couvert
d'escailles fortes et espaisses, celles du ventre
estoient tendres, elle estoit haute de corps
de deux pieds et demy, et la teste par dessus
de plus d'un grand pied, sa queuë ressem-

bloit à celle d'un dragon qu'elle relevoit en courant, et l'entortilloit. Ce jeune homme eschappé des pattes de ce monstre, et de la mort qu'il portoit, fut apprehendé à Nantes de la Justice. Et comme le bruict estoit desjà commun des vols qu'il avoit faict avec les autres, fut condamné à estre roüé, et confessa toute l'histoire sur l'échafault.

LYON
Imprim. Louis Perrin
M DCCC LXXV